VOCÊ PODE SUPERAR TUDO!

CB017346

BEV AISBETT

VOCÊ PODE SUPERAR TUDO!

Pare de Achar que a Vida é Dura e que Você Nasceu pra Sofrer

TRADUÇÃO
CARMEN FISCHER

Editora Cultrix
SÃO PAULO

Título original: *Get Over it!*
Copyright © 2010 Bev Aisbett.
Copyright da edição brasileira © 2012 Editora Pensamento-Cultrix Ltda.
Publicado originalmente em inglês em Sydney, Austrália, por Harper Collins Publishers Australia Pty Ltd. em 2010.
Esta edição foi publicada mediante acordo com Harper Collins Publishers Australia Pty Ltd.
Texto revisto segundo o novo acordo ortográfico da língua portuguesa.
1ª edição 2012.
1ª reimpressão 2014.

Todos os direitos reservados. Nenhuma parte deste livro pode ser reproduzida ou usada de qualquer forma ou por qualquer meio, eletrônico ou mecânico, inclusive fotocópias, gravações ou sistema de armazenamento em banco de dados, sem permissão por escrito, exceto nos casos de trechos curtos citados em resenhas críticas ou artigos de revistas.

A Editora Cultrix não se responsabiliza por eventuais mudanças ocorridas nos endereços convencionais ou eletrônicos citados neste livro.

Ilustrações: Bev Aisbett
Coordenação Editorial: Denise de C. Rocha Delela e Roseli de S. Ferraz
Revisão: Nilza Agua
Diagramação: Join Bureau
Impressão: Gráfica Paym

Dados Internacionais de Catalogação na Publicação (CIP)
(Câmara Brasileira do Livro, SP, Brasil)

Aisbett, Bev
    Você pode superar tudo! – pare de achar que a vida é dura e que você nasceu pra sofrer / Bev Aisbett ; tradução: Carmen Fischer. – São Paulo : Cultrix, 2012.

    Título original: Get over it.
    ISBN 978-85-316-1198-8

    1. Autoajuda – Técnicas 2. Conduta de vida
    3. Felicidade 4. Realização pessoal 5. Relações interpessoais 6. Sucesso I. Título.

12-10648   CDD-158.1

Índices para catálogo sistemático:
1. Desenvolvimento pessoal : Psicologia aplicada   158.1
2. Transformação interior : Psicologia aplicada   158.1

Direitos de tradução para o Brasil
adquiridos com exclusividade pela
EDITORA PENSAMENTO-CULTRIX LTDA.
Rua Dr. Mário Vicente, 368 — 04270-000 — São Paulo, SP
Fone: (11) 2066-9000 — Fax: (11) 2066-9008
E-mail: atendimento@editoracultrix.com.br
http://www.editoracultrix.com.br
que se reserva a propriedade literária desta tradução.
Foi feito o depósito legal.

DEDICATÓRIA

Aos meus pais,
Millicent e Arthur.
Falecidos há muito tempo,
libertos com amor,
mas jamais esquecidos.

SUMÁRIO

INTRODUÇÃO	9
NÃO SALTE ESTA ETAPA	11
COMO NOS MANTEMOS REFÉNS	31
O PRISIONEIRO COMO VÍTIMA	47
O PAPEL DE VÍTIMA	61
NÃO FUI EU	71
PARA O QUE DER E VIER	83
PLANEJANDO A ROTA DE FUGA	103
LIVRANDO-SE DAS GRADES DA PRISÃO	113
LIBERTANDO A VÍTIMA	139

INTRODUÇÃO

Sim, eu sei que você foi muito magoado. As coisas foram extremamente difíceis já desde o começo. A vida parece simplesmente ter escolhido você para impor um desafio após o outro; na verdade, tantos que você mal consegue se livrar de um e já vem outro atrás!

Só Deus sabe como eu também tive a minha cota de infortúnios. (Todos eles são parte de meus estudos!)

E, exatamente como você, eu também muitas vezes reclamei da minha sorte, fiquei furiosa com as injustiças da vida e coloquei a culpa em tudo e em todos (inclusive em Deus!) pelas situações extremamente dolorosas que tive de enfrentar.

Isso até eu aprender que as coisas não eram bem assim.

Se você acha que a vida tem sido injusta com você, que você não tem nenhuma responsabilidade pelo que lhe acontece, este livro lhe propõe um desafio.

Ele vai ajudá-lo a reunir forças para se libertar da prisão do passado.

É claro que para isso você terá que QUERER.

Neste caso, respire fundo, crie coragem, seja sincero... e liberte-se.

NÃO SALTE ESTA ETAPA

BASTA! MELHOR PARAR POR AQUI!

Eu tenho uma **PERGUNTA** para fazer a você...

E quanto a algo de **BOM**, será que não tem nada para contar?

Você já notou que, quando pergunta às pessoas como foi o passado delas, a maioria começa a fazer um relato de sua "**miseriografia**"? Uma história de vida que é uma perfeita sucessão de **TRISTEZAS, MÁGOAS, RAIVAS E DESGOSTOS** que tende a apagar de sua memória até os **MELHORES** momentos vividos?

Basta juntar duas pessoas para falar do passado que elas imediatamente entram numa estranha modalidade de **COMPETIÇÃO** para decidir qual delas sofreu mais!

O ditado "a desgraça não anda sozinha" não poderia ser mais verdadeiro.

A nossa sociedade VICEJA com base em fatos como...

... sem os quais a mídia simplesmente entraria em **COLAPSO**!

Entretanto, continuar se apegando às desgraças do passado significa acordar todas as manhãs vendo o **SOL NASCER QUADRADO**...

... e para muitas pessoas cada dia é um **PERFEITO DIA DE CÃO!**

Na realidade, certos prisioneiros do passado chegam ao ponto de **SACRIFICAR** as coisas que lhes **DAVAM PRAZER** por trazerem lembranças de um **TEMPO DISTANTE**...

> EU NÃO GOSTO MAIS DE ANDAR A CAVALO PORQUE ME FAZ LEMBRAR DO MEU EX-NAMORADO!

... e, pior ainda, tem aqueles que SE APEGAM AO SOFRIMENTO por DÉCADAS A FIO... tudo por causa de um ressentimento, querendo que o seu causador de alguma maneira corrija o erro que cometeu, embora, em muitos casos, ele **JÁ ESTEJA MORTO HÁ MUITOS ANOS!**

> SE AO MENOS ELE TIVESSE SE DESCULPADO!

> TUDO BEM, NÃO SEJA POR ISSO, DESCULPA! E AGORA, PODEMOS SEGUIR EM FRENTE?

VOCÊ É UM PRISIONEIRO DO PASSADO?

Vejamos:

Você espera sempre pelo **PIOR** porque acredita que fracassou no passado.

Você tem medo de ser **VOCÊ MESMO** porque já foi **REJEITADO**.

Você tem medo de **CRÍTICAS** porque já foi **CRITICADO** outras vezes.

VOCÊ É EXAGERADA NISTO, NAQUILO E EM TUDO MAIS.

Você não deixa ninguém **CHEGAR PERTO** por medo de ser **MAGOADO** outra vez

Você sente **MEDO**, **ANSIEDADE** ou **DESÂNIMO** quase o tempo todo porque um dia as coisas foram muito **DOLOROSAS**.

Você continua vendo as outras pessoas como se fossem **MAIS IMPORTANTES** do que você da mesma maneira que via quando era **CRIANÇA**.

Você **NÃO DIZ O QUE PENSA** nem coloca **LIMITES** por medo de **OFENDER** e correr o risco de **ABANDONO**.

Você acha que a vida é **INJUSTA** e que são os outros que o **PÕEM PRA BAIXO**.

Você **SE IRRITA** facilmente com **PALAVRAS**, **GESTOS** e **ATITUDES** dos outros porque **TOCAM** em suas antigas feridas.

Se foi capaz de se reconhecer nesses exemplos, você é **ALGUÉM QUE CONTINUA APRISIONADO AO PASSADO** (e merece os parabéns pela sinceridade!).

Enquanto não tomamos **CONSCIÊNCIA**, a nossa **IDENTIDADE NO PRESENTE** continua totalmente enredada nas **DIFICULDADES QUE ENFRENTAMOS NO PASSADO**.

O nosso **PASSADO** escreve o roteiro das experiências que temos no **PRESENTE**.

O passado também determina o **FUTURO**, com base em nossas **EXPECTATIVAS**...

... que também se baseiam nas **EXPERIÊNCIAS DO PASSADO!**

No entanto, muitas pessoas que vivem no passado não **ACREDITAM** que seja assim.

O passado só consegue manter você em sua **PRISÃO** porque você continua **ARRASTANDO-O** consigo para cada nova experiência. Libertar-se da prisão do passado pode ser algo tão simples quanto tomar a **DECISÃO** de não continuar fazendo isso.

Para ver como isso acontece, vamos tomar como exemplo a história do **MACACO QUE METE A MÃO NA CUMBUCA.**

Certa vez dois curandeiros se encontraram para trocar ideias.

Um deles era **ÍNDIO AMERICANO** e o outro era **AFRICANO.**

Enquanto eles trocavam experiências e observações com respeito às diferenças em seus rituais e práticas, o xamã africano ensinou ao colega indígena a arte de **CAPTURAR UM MACACO.**

PRIMEIRO PASSO:
Arranjar uma **ABÓBORA** e remover todo o seu conteúdo, deixando-a oca.

SEGUNDO PASSO:
Colocar uma **BANANA** dentro da abóbora oca e voltar a tampá-la.

TERCEIRO PASSO:
Fazer um **BURACO** na abóbora que seja do tamanho exato para o macaco conseguir enfiar a mão.

A ARMADILHA PARA CAPTURAR O MACACO ESTÁ PRONTA.

A CAPTURA DO MACACO

Lá vem o
MACACO
belo e folgado.

De repente, ele sente
o irresistível cheiro
familiar vindo daquela
ABÓBORA.

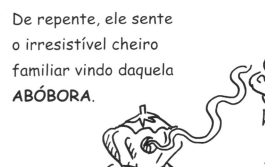

Ele enfia a
mão no buraco
e agarra a
BANANA.

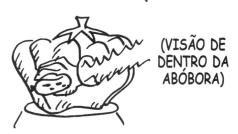

(VISÃO DE DENTRO DA ABÓBORA)

O macaco caiu na armadilha e fica com a mão
PRESA DENTRO DA ABÓBORA!

Para se **LIBERTAR**, tudo que ele precisa fazer é **LARGAR A BANANA!**

... mas, em vez de fazer isso, ele prefere pôr a culpa na **ABÓBORA!**

SE NÃO FOSSE A PORCARIA DA ABÓBORA EU ESTARIA LIVRE!

O '**PODER**' que o passado tem sobre nós funciona de maneira semelhante. Nós achamos que foram as circunstâncias do passado que nos **APRISIONARAM**, mas, na realidade, o que nos mantém **APRISIONADOS** é o nosso **APEGO** a velhas **MENSAGENS**, **CRENÇAS** e **CONDICIONAMENTOS**.

Os mesmos padrões se **REPETEM** infinitamente e nós nos sentimos incapazes de nos livrar deles.

É hora de **SOLTAR AS AMARRAS**.

COMO NOS MANTEMOS REFÉNS

Evidentemente que é mais fácil falar do que de fato **DEIXAR O PASSADO PARA TRÁS**. Afinal, o passado molda praticamente tudo que **PENSAMOS, DIZEMOS e FAZEMOS**.

É inegável que o passado teve uma enorme influência na formação da pessoa que você é hoje. Observe como as **VELHAS CRENÇAS** continuam influenciando seu modo de **PENSAR, SENTIR E AGIR** no **PRESENTE**:

Desde os nossos primeiros anos de vida, a questão central é satisfazer as nossas **NECESSIDADES**. Na infância, a nossa própria **SOBREVIVÊNCIA** dependia disso.

Para nos manter **VIVOS**, alguém teve que nos **ALIMENTAR**; e, se não fôssemos **ACOLHIDOS**, não **TERÍAMOS SOBREVIVIDO**.

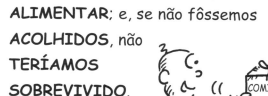

Para garantir a satisfação dessas necessidades básicas de **ALIMENTO**, **AMOR** ou **APROVAÇÃO** é possível que tivemos de **ESCONDER** certos aspectos de nós mesmos vistos como **INACEITÁVEIS**...

... ou **MOSTRAR** os aspectos mais **AGRADÁVEIS**.

Talvez tenhamos sido obrigados a criar um **FALSO EU** para compensar quando o nosso **VERDADEIRO EU** foi visto como longe do **IDEAL**.

Na verdade, normalmente criamos **MUITAS** identidades falsas para garantir a satisfação de nossas necessidades, nos proteger e assegurar nossa **SOBREVIVÊNCIA**.

Esses **EUS INVENTADOS** são como personagens de uma peça de teatro, cada um deles **COLOCADO EM AÇÃO** pelo roteiro do momento, mas **CRIADO** inicialmente pelos dramas do passado.

Nós interpretamos as **SITUAÇÕES ATUAIS** através do filtro da nossa própria **HISTÓRIA**. Nós REAGIMOS às situações **DO MOMENTO**...

POSITIVAMENTE **NEGATIVAMENTE**

OU DE FORMA NEUTRA

... dependendo de se o acontecimento atual nos traz lembranças de situações **PASSADAS** que causaram as mesmas emoções.

Se a **'CARGA'** emocional associada a um acontecimento passado for forte, a nossa tendência é 'representar' e o **FALSO EU** que havia se mantido escondido volta a se fazer presente.

Vejamos um exemplo de como isso funciona.

Este aqui é **GODOFREDO, O BOM SUJEITO**.

Godofredo adora deixar todo mundo feliz. Ele é sempre **AMÁVEL**, **EDUCADO** e abre mão de seus próprios interesses para **AJUDAR OS OUTROS**.

Isso até que alguém tente se aproveitar de sua **GENEROSIDADE**.

De repente, **GODOFREDO**, que é conhecido por ser pura gentileza, tem uma súbita explosão de raiva:

Essa é uma reação que ninguém esperava de Godofredo!
Ele sempre se mostrou tão
EDUCADO e **AMÁVEL**!

De Fato, **GODOFREDO NÃO É O MESMO**! Quem está no comando é seu alter ego, **O TIRANO TERRÍVEL!**

GODOFREDO havia criado para si o papel de **BOM SUJEITO** por medo de ter de encarar **CONFLITOS**.

(Porque quando era criança, seu pai o havia muitas vezes **REPREENDIDO SEVERAMENTE**.)

Adotando um comportamento **MALEÁVEL**, ele esperava evitar ser o alvo da **AGRESSIVIDADE** de outras pessoas...

... mas, ao fazer isso, ele também sabia que estava sendo visto como **FRACO** e se desprezava por isso.

Esse desprezo por si mesmo permaneceu oculto até que sua própria **FRAQUEZA** lhe foi apontada **VEZES DEMAIS**...

... Isso o levou a ter a **MESMA REAÇÃO** que achava tão desprezível em seu pai.

As pessoas que são compelidas a agir em função do passado costumam oscilar entre os **EXTREMOS**. As pressões para que desempenhem um determinado papel se tornam tão fortes que as levam a **SALTAR** para o extremo oposto.

Vejamos alguns exemplos desses dois extremos opostos.

Apresentando:

O FANTÁSTICO ESPETÁCULO DO FALSO EU! ESTRELADO POR...

DIRCEU DIVERTIDO, que também desempenha o papel de **BARTOLOMEU BAIXO-ASTRAL**.

e

FRANCISCO FAZ-TUDO, que também desempenha o papel de **ASDRÚBAL INSEGURO**.

E por aí vai numa lista interminável. Na realidade, o elenco poderia incluir **MILHARES** de personagens.

Você seria capaz de **IDENTIFICAR** e **DAR NOME** a alguns desses personagens?

As principais características que todos esses personagens têm em **COMUM** são as seguintes:

Nenhum deles
é plenamente
ADULTO.

Nenhum deles
é **AUTÊNTICO**.

Cada um tem
um sentimento de
AUTODESPREZO.

Todos eles criados
no **PASSADO**!

É como se estivéssemos presos a um pêndulo
que fica oscilando entre a **VERGONHA** e
a **CULPA**.

O personagem que criamos para **FUGIR** de certas emoções torna-se o personagem que nos **APRISIONA**.

Quando tentamos nos livrar dessas limitações, acabamos voltando à emoção que pretendíamos **EVITAR**.

Em consequência disso, sentimos que nossa vida está **FORA DE CONTROLE** e que somos **IMPOTENTES**.

TEMOS CONSCIÊNCIA de
que nossa reação é exagerada,
mas não conseguimos mudá-la.

Passamos de um **DRAMA** a outro sem saber **POR QUÊ**.

E o pior de tudo é a descoberta de que estamos condenados a desempenhar o **PAPEL PRINCIPAL**:

**A
VÍTIMA**

O PRISIONEIRO COMO VÍTIMA

O falso eu ou o personagem mais responsável por sua atual condição de prisioneiro é a **VÍTIMA**.

Poucas pessoas estariam dispostas a reconhecer, mas a maioria de nós em algum momento já desempenhou o papel de **VÍTIMA**.

Você pode reconhecer que está desempenhando o papel de **VÍTIMA** quando se sente:

E para sermos totalmente sinceros...

CHEIOS DE AUTOPIEDADE

De fato, não dá para alguém assumir o papel de **VÍTIMA** sem sentir **PENA** de si mesmo! Faz parte do pacote da vítima! **OBSERVE**, portanto, pelo menos por uma vez, sem julgar, quando estiver desempenhando o papel de vítima.

A **VÍTIMA** acha que:

A vida deveria ser **JUSTA** e **FÁCIL**.

As pessoas deveriam **ME AMAR** independentemente do que **EU FAÇA**.

EU ME EMPENHEI TANTO! DEVIAM TER ME CONTRATADO!

Se eu sou uma pessoa **BOA**, coisas boas deveriam **ACONTECER** comigo.

As pessoas não deveriam me **CRITICAR** nem **DISCORDAR** de mim.

AFINAL, FIZ ISSO POR ELES!

ELES ESTÃO ME PERSEGUINDO!

Eu não deveria nunca me sentir **TRISTE, SOLITÁRIO, ENTEDIADO, MISERÁVEL, ANSIOSO** ou **REJEITADO**.

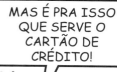

E se estou assim, é porque isso só **ACONTECE** comigo!

O mundo deveria **CUIDAR** de mim

E, quando algo dá errado, a **CULPA** é sempre de outra pessoa ou da situação, porque **MINHA** é que não é!

A **VÍTIMA** tende sempre a aparecer onde quer que haja **CONFLITO**, especialmente quando acha que foi **TRATADA INJUSTAMENTE** ou **MAL INTERPRETADA**

Para certas pessoas, ser **VÍTIMA** é a única maneira que aprenderam de se relacionar com o mundo e ter suas **NECESSIDADES** satisfeitas.

Existem outras, no entanto, cujo o papel de **VÍTIMA** lhes foi **IMPOSTO** por:

TRAUMA   PERDA

ou DOENÇA.

Não importa o motivo que levou a pessoa a desempenhar o papel de **VÍTIMA**, a dor que ela sente é muito **REAL** e **ALÉM DE SUAS FORÇAS PARA** suportá-la.

Ela pode até mesmo ser **JUSTIFICADA** por circunstâncias extremas.

No entanto, continuar por muito tempo se **PRENDENDO À DOR** faz do **PASSADO** uma **PRISÃO**.

Vamos, portanto, admitir, por enquanto, que, sim, é verdade que **DÓI**, e muito, que foi **HORRÍVEL** o que aconteceu e que, sim, parece totalmente **INJUSTO**, mas aí temos que nos fazer a seguinte pergunta:

VOCÊ QUER REALMENTE CONTINUAR NESTA SITUAÇÃO HORRÍVEL?

Você pode **ACHAR** que preferiria não ter esse sentimento **DOLOROSO**, mas quando se trata de deixar de remoê-lo, você pode de fato **ESCOLHER CONTINUAR APEGADO**.

O problema com a **VÍTIMA** é que ela pode se sentir mais **À VONTADE** para continuar desempenhando esse papel do que para abandoná-lo.

Porque permanecer no papel de **VÍTIMA** traz certos **BENEFÍCIOS**.

Vamos ter que analisar alguns deles.

Como vítima, a pessoa:

Não é RESPONSÁVEL

É MERECEDORA de COMPAIXÃO

É "ESPECIAL"

ACHA-SE NO DIREITO MORAL

ESTÁ PROTEGIDA de novos ATAQUES

Pode pôr a CULPA em fatores externos

Não importa o quanto seja **DIFÍCIL** seguir em frente, o resultado é o mesmo: como **VÍTIMA**, seu bem-estar e valor próprio são determinados pelo **PASSADO**, pelos **OUTROS** e por **FATORES EXTERNOS**.

Os comportamentos de **VÍTIMA** começam como meios de:

Obter a satisfação das **NECESSIDADES**   Lidar com **EMOÇÕES DOLOROSAS**

OU como um mecanismo de proteção ou meio de obter o controle.

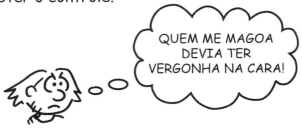

O problema é que o mesmo mecanismo que o **PROTEGEU** da dor do passado é o que agora o mantém prisioneiro dele.

Enquanto procurarmos, mesmo que inconscientemente, obter as **'RECOMPENSAS'** proporcionadas pelo papel de **VÍTIMA**, continuaremos **IMPOTENTES**.

É então que a **VÍTIMA** se torna um **TIRANO**, **AGRESSIVO** e **CONTROLADOR**, porque, se suas **NECESSIDADES** não são satisfeitas, ela se volta contra você... ou qualquer outra pessoa.

O PAPEL DE VÍTIMA

Quando observamos as atitudes de uma **VÍTIMA**, constatamos um traço comum a todas elas.

São atitudes **INFANTIS**.

A **VÍTIMA** é na realidade a **CRIANÇA FERIDA** em nosso interior.

Seja sincero, quantos **ANOS** você tem quando se sente:

ANSIOSO   **DEPRIMIDO**

IRRITADO   ou   **FURIOSO?**

Se a **VÍTIMA** é a **CRIANÇA** dentro de você, você tende a esperar:

QUE A VIDA DEVERIA SER FÁCIL	QUE COISAS RUINS NÃO DEVERIAM ACONTECER

QUE VOCÊ NÃO VAI CONSEGUIR SUPERAR SEU TRAUMA	QUE VOCÊ NÃO VAI CONSEGUIR DIZER NÃO

E QUE VOCÊ NÃO TEM NADA A VER COM O QUE ACONTECE.

Tudo isso é maravilhoso... quando você é **CRIANÇA**!

E desde que seu **GRUPO DE APOIO** esteja disposto a continuar participando dessa dinâmica.

É claro que há ocasiões em que **TODOS** nós precisamos de ajuda, mas, e se não houver ninguém **CAPAZ** ou **DISPOSTO** a ajudar?

ONDE ESTÁ MEU SALVADOR?

E se não houver ninguém para satisfazer suas **NECESSIDADES** e você tiver que se virar **SOZINHO**?

Se você colocou seu **BEM-ESTAR** nas mãos de **OUTRA PESSOA**, a **CRIANÇA VÍTIMA** em você vai provavelmente se sentir **IMPOTENTE** e até **RESSENTIDA** numa situação de **CRISE**.

Vejamos um exemplo:

Júlia não tinha cabeça para **NÚMEROS** e **CÁLCULOS**.

TODAS ESSAS QUESTÕES FINANCEIRAS SÃO... TÃO CHATAS!

Ela confiava em pessoas mais **'PERITAS'** nesses assuntos para lidar com seus problemas.

ASSINE AQUI!

INVESTIMENTOS LARÁPIO & FILHOS

QUESTÕES JURÍDICAS... QUE CHATICE!

É claro que é uma atitude totalmente **SENSATA** buscar **ACONSELHAMENTO** de outros para resolver certas questões, mas cabe a você fazer uma escolha **BEM FUNDADA** sobre a direção que quer dar a **SUA PRÓPRIA** vida.

Considerando-se 'incapaz', Júlia confiou as **ECONOMIAS DE TODA SUA VIDA** sem **PROCURAR SE INFORMAR...**

... e acabou descobrindo que os investidores aos quais ela confiou suas economias **HAVIAM SIMPLESMENTE DESAPARECIDO!**

QUEM é, portanto, responsável por isso?

JÚLIA ou o **SR. LARÁPIO?**

Quando consideramos as situações da perspectiva da **VÍTIMA**, nos sentimos muitas vezes **TRAÍDOS** ou **DECEPCIONADOS** porque esperamos que os outros defendam os nossos interesses.

E quando as necessidades da **VÍTIMA** não são satisfeitas, surge a sua outra faceta, que é a do **CARRASCO**.

O **CARRASCO** pode se voltar contra você...

... ou pode **ATACAR** aqueles que ele vê como seus **TRAIDORES**.

NÃO FUI EU

Uma das coisas que a **VÍTIMA** mais sabe fazer é **ARRANJAR CULPADOS**.

A culpa do problema da vítima é:

DO DESTINO   **DO MEIO AMBIENTE**

DA SOCIEDADE   **DA HERANÇA GENÉTICA**

DA SORTE   ou   **OUTROS FATORES**.

A **VÍTIMA** nunca tem culpa de nada!

Pôr a culpa nos fatores externos é fácil, porque com isso a **VÍTIMA** não tem que assumir nenhuma **RESPONSABILIDADE**.

Mas, ao fazer isso, ela está também entregando seu poder a outros. Quando você atribui a **CULPA** a fatores externos, está também privando a si mesmo de ter qualquer **CONTROLE** sobre a **SITUAÇÃO** ou seu **RESULTADO**.

COMO ENTREGAR SEU PODER A OUTRAS PESSOAS

Transferindo-o para:

Toda vez que transfere para outros a **RESPONSABILIDADE** pela situação que você está vivendo, a **VÍTIMA** assume o **CONTROLE**.

E, com isso, os danos aumentam, porque sempre que a **VÍTIMA** se sente **DESTITUÍDA**, **ABANDONADA** ou **FERIDA**, ela tem a tendência a **REPELIR** aquilo que mais quer.

Isso porque a **VÍTIMA** tem muitas **CARÊNCIAS**:

Ela **ESPERNEIA**, **CHORA**, **EMBURRA**, **MANIPULA** e **COAGE**.

Ao fazer isso, ela **AFASTA** a **ATENÇÃO** ou o **AFETO** de que tanto necessita.

A vítima tende a despejar sua **CULPA** sobre os outros quando suas necessidades não são satisfeitas. Isso cria **RESISTÊNCIA**.

Por sua **INSISTÊNCIA**, a **VÍTIMA** faz com que o **CUIDADO** e a **COMPAIXÃO** dos outros por ela acabem se transformando:

primeiro em **IRRITAÇÃO**   **EVITAÇÃO**

INDIFERENÇA

Ou até mesmo em **AGRESSÃO**

Todas essas reações **REFORÇAM**, é claro, seu sentimento de **VÍTIMA**!

Para ver como isso funciona, vamos fazer uma visita ao **PLANETA VÍTIMA**.

Os habitantes deste planeta se consideram **ESPECIAIS**, porque **SOFRERAM** mais do que os outros.

As **VÍTIMAS** convivem bem juntas, porque falam a mesma **LÍNGUA**, que é feita de:

Mas são tremendamente **DESCONFIADAS** de todos os outros que não falam a mesma língua...

.... porque os veem como uma **AMEAÇA**.

E com isso os piores **MEDOS** das vítimas se **CONCRETIZAM!**

Como **VÍTIMAS, PRECISAMOS** dos outros, mas nos colocamos sempre em alerta para a possibilidade de eles nos **FERIREM**. E ficamos na **DEFENSIVA**.

A ironia é que ninguém gosta de ser tratado como **INIMIGO**: e essa é a melhor maneira de **CRIAR INIMIZADE!**

E, se você foi profundamente magoado, a **VÍTIMA/CRIANÇA** em você terá dificuldade para **PERDOAR**...

... atitude essa que resultará em seu **PRÓPRIO** sofrimento!

MAS, E SE ELES NÃO ESTIVEREM NEM AÍ?

MAS, E SE ELES NÃO SE DESCULPAREM?

Ao agarrar-se a uma ofensa do passado, você acaba causando a **SI MESMO** mais danos do que alguém já foi capaz!

Bem, quando **CULPA** os outros, a sua raiva acaba mantendo você **PRESO** a eles.

Na verdade, é o seu **RESSENTIMENTO** que faz você entregar as rédeas para o malfeitor, porque independentemente do que tenha feito ou possa fazer, ele determina a sua maneira de **SE SENTIR** ou **AGIR!**

Isso também **FINCA** você no **PASSADO** e em sua busca por **AINDA MAIS INJUSTIÇAS** para justificar sua percepção de ter sido **INJUSTIÇADO**.

É uma situação **SEM SAÍDA**. **ABRIR MÃO** é a única opção e é o **PERDÃO** que torna isso possível.

Existe uma outra maneira de ver o **PERDÃO**, que é a seguinte:

A LIBERTAÇÃO DO PODER QUE OS OUTROS TIVERAM SOBRE VOCÊ.

Ao fazer isso, você deixa que os outros sigam sua própria **VIDA** e você siga a sua.
O PROBLEMA passa a não ser mais seu.
Ou seu **FARDO**.

PARA
O QUE
DER E
VIER

Você consegue perceber como apegar-se ao passado e ver-se como uma **VÍTIMA** das circunstâncias colocaram você numa situação de **ABSOLUTA PARALISIA?**

Focar somente na dor deixou você **CEGO** para as coisas que você mais deseja:

ALEGRIA
PAZ
AMOR
LIBERDADE

Não é que essas coisas estejam **INACESSÍVEIS** a você – na verdade, elas estão **TODAS BEM AÍ AO SEU ALCANCE** – mas a **TRISTEZA**, o **PESAR** e a **RAIVA** que você sente criam a ilusão de **IMPOSSIBILIDADE**.

Como não pode enxergar para além dos **MUROS DA PRISÃO**, você não percebe que lá fora as mesmas oportunidades que os outros têm de **CURA, ALEGRIA** e **PAZ** estão disponíveis também para você.

Como é que alguma coisa **BOA** poderia entrar, se você **TRANCOU** a porta para tal **POSSIBILIDADE?**

É hora de começar a **DESTRANCAR** as portas e aprender a ver as coisas de uma **PERSPECTIVA DIFERENTE.**

Neste exato momento, a sua condição de **PESSOA INFELIZ** é uma imensa placa sinalizando.

O que precisamos fazer é **TRANSFORMÁ-LA** em....

Um dos maiores obstáculos que temos de enfrentar é o **APEGO** a um ou vários acontecimentos do passado.

Você teve **CORAGEM** suficiente para reconhecer que permanecer no papel de **VÍTIMA** traz algumas **RECOMPENSAS EMOCIONAIS**. Agora, terá que explorar os **MOTIVOS** que fazem você **NÃO QUERER** ou **NÃO PODER** abrir mão do passado.

Tudo bem, **RESPIRE FUNDO**. Tenha **CORAGEM** agora para dizer a **VERDADE**...

Você quer **REALMENTE** deixar de ser vítima?

A **DOR** que você sente é mais confortável do que as **MUDANÇAS** que podem advir se você mudar?

Você tem medo de ser **ABANDONADO** se deixar de **SOFRER**?

Em que medida você permite que a **VERGONHA** e a **CULPA** o mantenham aprisionado?

Você acha a vida mais **INTERESSANTE** quando ela é cheia de **DRAMAS** e **CRISES**?

Você acha que **PERMANECENDO APRISIONADO** você não precisa **TENTAR**, que pode **ENTREGAR OS PONTOS**?

Por acaso você **SABE** o que é viver sem **SOFRER**?

Se você nunca experimentou fazer **ALGO DIFERENTE**, como poderia esperar que **RECONHECESSE** o que é ser **FELIZ**?

É VERDADE! NÃO SEI NEM COMO COMEÇAR!

Bem, por que não começar **OBSERVANDO** algumas coisas que as pessoas **FELIZES** fazem e que você precisa **APRENDER**?

EU TENHO PRAZER NA COMPANHIA DE OUTROS!

QUANDO DOU ALGO NÃO ESPERO NADA EM TROCA!

ESPERO PARA VER O QUE ACONTECE ANTES DE ME PREOCUPAR!

SOU GRATO PELO QUE TENHO EM VEZ DE LAMENTAR O QUE NÃO TENHO!

NÃO ME PREOCUPO COM O QUE OS OUTROS PENSAM DE MIM!

NÃO FICO REMOENDO OS PROBLEMAS!

É importante que tenhamos algumas coisas bem **CLARAS**.

> **NADA nem NINGUÉM irá tirar você da PRISÃO!**

Você poderá ficar aprisionado pelo resto da sua vida se **OPTAR** por isso.

Se você está esperando que algo ou alguém fora de **VOCÊ MESMO** irá salvá-lo, lamento muito dar-lhe a **MÁ NOTÍCIA** de que:

ISTO NÃO VAI ACONTECER!

NO ENTANTO, a **BOA NOTÍCIA** é que:

> **NADA nem NINGUÉM irá IMPEDIR que você se sinta MELHOR!**
> **(Quer dizer, além de VOCÊ MESMO!)**

Vamos agora examinar alguns outros **OBSTÁCULOS** importantes a serem **RECONSIDERADOS** antes de seguirmos em frente.

O que quer que tenha acontecido pode ter sido **TERRÍVEL**, mas o **MAIOR SOFRIMENTO** é aquele que resulta da insistência em continuar aprisionado à aparente **INJUSTIÇA** da situação.

Como se **SER INFELIZ** não bastasse, nós entramos numa situação de profundo **SOFRIMENTO** quando:

INSISTIMOS em que as coisas sejam diferentes do que **SÃO**

Ficamos **AMARGURADOS** ou **FURIOSOS** com o que **ACONTECEU**

Entramos em **DESESPERO** por causa do que **ACONTECEU**

Ou **DESEJAMOS, SUPLICAMOS, ESPERAMOS** ou **REZAMOS** para que as coisas simplesmente **SE RESOLVAM POR SI MESMAS**.

O problema com esse tipo de pensamento é que ele torna a situação que já é dolorosa **INSUPORTÁVEL**.

O nosso sentimento de **CONTRARIEDADE** com uma determinada situação pode assumir a forma de:

TRISTEZA   IRRITAÇÃO

ou DESEJO DE QUE AS COISAS FOSSEM MAIS FÁCEIS

Mas nos condenamos ao verdadeiro **INFERNO** quando insistimos em que a coisa **NÃO PODE** e **NÃO DEVE** estar acontecendo...

... e que as coisas vão continuar **TERRÍVEIS** até que tudo isso passe.

Vamos agora tentar fazer uma prática
bem simples:

Você vai colocar numa lista todas as coisas que
gostaria de fazer, mas não faz porque se acha
impedido por uma situação dolorosa, uma
relação, uma deficiência ou por sua história
de vida.

Eis alguns exemplos de como fazer essa lista:

"EU QUERO TER UMA VIDA PLENA E FELIZ, MAS FUI VÍTIMA DE ABUSO NA INFÂNCIA".

"EU QUERO SER AMADO, MAS FUI MUITAS VEZES REJEITADO".

"EU QUERO ESTAR BEM COMIGO MESMO, MAS FALTA-ME AUTOCONFIANÇA".

"EU QUERO ESTUDAR, MAS NÃO SEI POR ONDE COMEÇAR".

Não vire a página antes de completar sua lista.

É aqui que entra um pouco de **MÁGICA**!

Com vocês, MAURÍCIO O MAGNÍFICO, COM SEU INCRÍVEL LÁPIS MÁGICO!

Quando substituímos o **MAS** por **E**, a situação que era **SEM SAÍDA** se transforma de **ATOLEIRO** em algo que você precisa **CONTORNAR** ou **ATRAVESSAR**.

Em lugar de vê-la como uma...

... você passa a vê-la como um desvio.

Em lugar de **NÃO TER NENHUMA ESCOLHA**, você precisa agora procurar encontrar algumas **SOLUÇÕES CRIATIVAS** para contornar o obstáculo.

Pare de erguer **BARRICADAS!**
NADA DE "MAS"!

O que quer que antes mantinha você afundado no **ATOLEIRO** pode continuar existindo, mas não precisa mais deixar sua vida paralisada até que, ou apenas quando, a situação dolorosa for eliminada, **CONCRETAMENTE** ou na **MEMÓRIA**.

Porque temos que **ENCARAR A VERDADE** de que...

NÃO DÁ PARA APAGAR O QUE ACONTECEU!

Você acha que ficar fazendo tragédia e se **MARTIRIZANDO** vai **MELHORAR** as coisas?

Você vai **CONTINUAR** sofrendo se:

FICAR REMOENDO OS PROBLEMAS	ADOTAR UMA IDENTIDADE CENTRADA NO SOFRIMENTO

VER A VIDA APENAS COMO UMA SUCESSÃO DE PERDAS	VIVER PENSANDO E FALANDO NO QUE ACONTECEU

ACREDITAR QUE NADA DE BOM PODERÁ ACONTECER	E	IGNORAR AS SOLUÇÕES

Mas é claro que também vai ficar mais **FÁCIL** se você **PARAR** de fazer as mesmas coisas que está acostumado a fazer!

Uma **TRAGÉDIA** deixa de ser tragédia se resultar em algo de **BOM**.

Pergunte a si mesmo:

O **IMPORTANTE** é o que vem **A SEGUIR**.

E uma das melhores maneiras de fazer isso é **AJUDAR OS OUTROS**... porque você sabe como isso faz você **SE SENTIR!**

O primeiro passo para a **RECUPERAÇÃO** é a **ACEITAÇÃO**.

Por isso, de agora em diante faça da seguinte afirmação o seu **MANTRA**:

"**As coisas são como são**"

Deixe de procurar pelo que está **ERRADO**.

Concentre-se em buscar algo que está **CERTO**.

Colocar o foco no que causa sofrimento apenas o torna mais **INTENSO**!

O **PASSO SEGUINTE** é fazer as **MUDANÇAS** que a situação está exigindo.

Então a **TRAGÉDIA** passa a ser **TRANSFORMAÇÃO**!

PLANEJANDO A ROTA DE FUGA

Nós já examinamos os **PERSONAGENS** que fazem parte da sua história de vida e vamos agora examinar o seu passado como a "**HISTÓRIA**" que continua ditando suas reações atuais.

Imagine que o passado seja um **FILME** que fica passando e repassando em sua mente quando você se depara com situações que **TRAZEM À LEMBRANÇA** fatos que aconteceram.

Na verdade, este **FILME** é uma versão **EDITADA** da história da sua vida.

Dele foram excluídos
EPISÓDIOS INTEIROS,
por não terem deixado
uma **IMPRESSÃO**
emocional tão forte.

No entanto, esses outros episódios
ACONTECERAM.

Se o seu "filme" subjetivo é feito de lembranças **DOLOROSAS**, isso quer dizer que você excluiu outros momentos mais **TRIVIAIS** ou **FELIZES**.

Por isso você interpreta seu passado como sendo

DOLOROSO ou **AGRADÁVEL**

dependendo de onde você coloca o **FOCO**!

Você pode até **ACHAR** que lembra de tudo em detalhes, mas será que lembra **REALMENTE?**

FAÇA ESTE TESTE:

Pense na experiência principal que aparentemente **'FICOU GRAVADA** em sua **MEMÓRIA'**.

Vamos lá: De que cor eram as **MEIAS** que você estava usando?

O que havia à mesa do seu **CAFÉ DA MANHÃ?**

Quanto de **DINHEIRO** você tinha na carteira?

Havia **FLORES** no ambiente?

Isso não quer dizer que suas lembranças dos acontecimentos estejam **ERRADAS**, mas demonstra que tendemos a ser **SELETIVOS** naquilo que lembramos. Tendemos a lembrar apenas das coisas que chamam a nossa **ATENÇÃO** e, assim, excluir aquelas que não chamam.

Se o **PASSADO** é um **FILME** constituído de cenas selecionadas de sua memória e se essas cenas estão baseadas em suas **OPINIÕES** sobre as coisas que aconteceram, seu filme pode ter alterado a experiência original a ponto de a **REALIDADE** ter sido **DISTORCIDA**.

A mente é extremamente **INVENTIVA**.
Nós vemos o que **ESPERAMOS** ver.

Vemos apenas aquilo que **ACREDITAMOS** ser possível. Também **LEMBRAMOS** apenas daquilo que corresponde às nossas atuais **CRENÇAS** e **EXPECTATIVAS**.

No entanto, esse processo também pode ser **REVERTIDO!**

Se o passado é construído com as cenas selecionadas que você **ESCOLHEU** lembrar, você já pensou na possibilidade de **REESCREVER** o passado?

- De que maneira você poderia **ALTERAR** sua história?

- De que maneira você poderia ver suas antigas feridas sob uma ótica mais **POSITIVA?**

- Que cenas você escolheria para **CONTINUAR INCLUÍDAS** [no filme] e quais **DESCARTARIA?**

- Que cenas você escolheria para sustentar a sua história como a de um **SOBREVIVENTE**, de uma **PESSOA AMOROSA** ou de um **BOM AMIGO?**

- De que maneira a mudança do roteiro poderia alterar o modo como você se percebe **AGORA**, como a pessoa que você é no **PRESENTE?**

E, o mais **IMPORTANTE DE TUDO,**

- Que cena você escreveria para vir a **SEGUIR?**

- Como você criaria um **FILME** totalmente **NOVO** para você mesmo?

EM BREVE NOS CINEMAS...

HISTÓRIA DE UM SOBREVIVENTE

LIVRANDO-SE DAS GRADES DA PRISÃO

A VIDA DE TODOS NÓS FOI MARCADA POR ALGUMA EXPERIÊNCIA DE DOR OU PERDA.

Mas, quando estamos passando por uma situação dolorosa, caímos facilmente na tentação de achar que somos os **ÚNICOS** a passar pelo que estamos passando.

Mas é rara a pessoa que não tenha passado por sua cota de **PROVAÇÕES** na vida, embora essa cota possa variar de uma pessoa para outra.

Do contrário, como poderíamos **CRESCER?**

É claro que isso parece um **PRÊMIO DE CONSOLAÇÃO** para quem está passando por um grande **SOFRIMENTO**.

Sentir **TRISTEZA** e **RAIVA** é uma maneira **NATURAL** de reagir às situações de perda e privação.

O importante é manter a **DIGNIDADE** e usar as **EMOÇÕES**, vendo-as pelo que são: **RECURSOS** internos criados para **ALIVIAR A DOR!**

AS EMOÇÕES CUMPREM UMA FUNÇÃO IMPORTANTE EM NOSSA VIDA!

A propósito... **QUEM** foi exatamente o gênio que inventou essa de que **CHORAR** é ruim?

Há, no entanto, um tipo de **ARMADILHA** emocional que nos mantém aprisionados a um **CÍRCULO VICIOSO** de **AUTOTORTURA**:

Uma maneira de **CHORAR** que só leva a **CHORAR** mais...

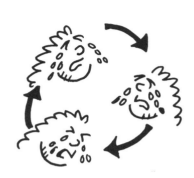

Uma maneira de sentir **RAIVA** que a faz crescer até explodir num **ATAQUE DE FÚRIA**...

... ou deteriorar e se tornar **DEPRESSÃO**...

... que é a **RAIVA** voltada para **DENTRO** da **PRÓPRIA PESSOA**.

SOFRER por um período é saudável, porque serve para buscar ALÍVIO, DESCARGA, LIBERTAÇÃO e ENTREGA, mas não se PRENDA ETERNAMENTE ao sofrimento.

Tentar reprimir as emoções é como tapar a boca de um VULCÃO com uma ROLHA.

Ele simplesmente vai encontrar OUTRO MEIO de EXPLODIR!

A RESIGNAÇÃO pode parecer 'nobre', mas pode também causar muitos DANOS!

EU ESTOU ÓTIMO!

Com respeito a isso, podemos aprender muito com as **CRIANÇAS**.

O Alfredinho pode se mostrar **FURIOSO** com você num instante....

... e no seguinte se **ANINHAR** em seu **COLO**!

Quando devidamente liberadas, as emoções se **ESVAEM, PASSAM** e **DÃO LUGAR A SENTIMENTOS MAIS POSITIVOS!**

Suas **EMOÇÕES** são **ÚTEIS**.

Elas estão a seu **SERVIÇO**.

USE-AS!

Depois de **LIBERAR AS EMOÇÕES**, é de importância crucial que você comece a ver suas **PROVAÇÕES** sob uma ótica diferente.

Alcançar a verdadeira liberdade implica seguir certas **LEIS** que são as seguintes:

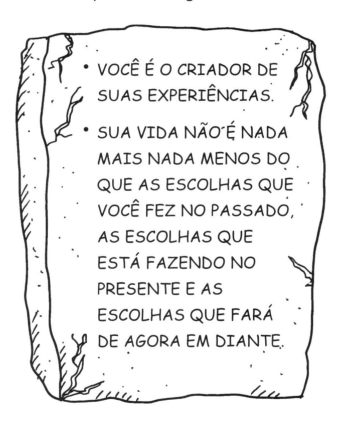

- VOCÊ É O CRIADOR DE SUAS EXPERIÊNCIAS.
- SUA VIDA NÃO É NADA MAIS NADA MENOS DO QUE AS ESCOLHAS QUE VOCÊ FEZ NO PASSADO, AS ESCOLHAS QUE ESTÁ FAZENDO NO PRESENTE E AS ESCOLHAS QUE FARÁ DE AGORA EM DIANTE.

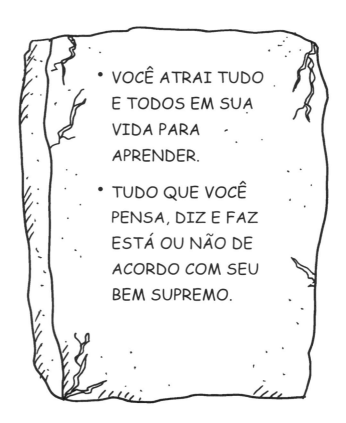

- VOCÊ ATRAI TUDO E TODOS EM SUA VIDA PARA APRENDER.

- TUDO QUE VOCÊ PENSA, DIZ E FAZ ESTÁ OU NÃO DE ACORDO COM SEU BEM SUPREMO.

Vamos agora examinar mais detalhadamente cada uma dessas leis.

VOCÊ COMO CRIADOR DE SUAS EXPERIÊNCIAS

Tudo em sua vida ocorreu porque você escolheu a opção **A** e não a **B**.

Bem, **QUEM MAIS** seria?

Tudo acontece de acordo com as **ESCOLHAS** que fazemos.

Não mesmo? Você não estava andando por **AQUELA RUA** naquele exato momento?

E, a propósito, quais são suas **CRENÇAS** com respeito a ter **DINHEIRO?**

Talvez seja, mas quantas vezes atribuímos a **FATORES EXTERNOS** a culpa por onde escolhemos **NOS** colocar na vida – inclusive por como **ESCOLHEMOS REAGIR** ou **RESPONDER** aos acontecimentos?

E se você **ESTIVESSE** disposto a assumir
PLENA RESPONSABILIDADE?

De que maneira os acontecimentos **AFETARIAM** você?

ACHO QUE ME SENTIRIA MENOS IMPOTENTE!

De que maneira assumir a responsabilidade poderia **FORTALECER** você?

BEM, EU SABIA DOS RISCOS... NO FUTURO, NÃO VOU IGNORÁ-LOS!

De que outra maneira você poderia ver as **PROVAÇÕES?**

FOI UM CHAMADO DE DESPERTAR!

Qual é seu **IMPACTO** sobre a visão de si mesmo como **VÍTIMA?**

É MENOR QUANDO ASSUMO A RESPONSABILIDADE POR MINHA VIDA!

E temos ainda um **RECURSO MAGNÍFICO** à nossa disposição que costumamos **IGNORAR** nas situações de perigo...

A INTUIÇÃO

POIS É... TINHA ALGO ME DIZENDO PRA NÃO IR LÁ!

Bem no fundo você **SABIA**, não sabia?

Foi **ESSA** a situação que a criança teve de viver e foi **ESSE** o endereço da casa assaltada. São esses os **FATOS** que aconteceram.

Quem foi que disse que a vida é **JUSTA**?

Se pudéssemos controlar a vida de maneira a satisfazer as ideias de cada um de nós sobre o que é **JUSTO** o resultado seria...

A **VIDA** é simplesmente como **ELA É**.
Ela não é nem **JUSTA** nem **INJUSTA**.

Às vezes (para dizer a verdade, **NA MAIORIA** das vezes) nós sabemos quando as coisas estão **POR ACONTECER** e, às vezes, **NÃO SABEMOS**.

No entanto, seja justo ou injusto, certo ou errado, sabendo ou não sabendo, se aconteceu com você é porque você estava **LÁ**.

E se você consegue **ASSUMIR** isso, em vez de se deixar controlar pela aparente **INJUSTIÇA** das coisas, pode então começar a entender que estava lá por algum **MOTIVO**.

SUA VIDA É FEITA DE ESCOLHAS

Dito de uma forma simples, você **PODERIA** ter atravessado a **PORTA B**, mas não fez isso!

Da mesma maneira que você **ESCOLHEU**...

IGNORAR
SUAS
DÚVIDAS

VOLTAR
LÁ OUTRA VEZ,
MESMO DEPOIS
DE SABER

CONFIAR
NAQUELA
PESSOA
INDIGNA DE
CONFIANÇA

DIZER SIM
QUANDO QUERIA
DIZER NÃO

SAIR COM AQUELE SUJEITO, MESMO SABENDO QUE ACABARIA EM ENCRENCA

ACEITAR AQUELE EMPREGO MESMO SABENDO QUE IRIA ODIÁ-LO

E assim por diante...

Cada **ESCOLHA** traz suas **CONSEQUÊNCIAS**...

BUSCAR A SUPERAÇÃO = ESFORÇO
- LIBERAR
- ACEITAR
- REPENSAR

PERMANECER NA PRISÃO = NENHUM ESFORÇO
- DEIXAR A VIDA PASSAR
- PERDER AS ESPERANÇAS
- NÃO FAZER NENHUMA MUDANÇA

...e cada **PENSAMENTO** resulta numa experiência baseada nesse mesmo **PENSAMENTO**...

... porque é o que você **ESPERA!**

Não há nenhum motivo para atribuir **CULPA** (a si mesmo ou aos outros)! É simplesmente **ASSIM QUE AS COISAS ACONTECERAM!**

E já que estamos falando nisso:

- Culpar é tentar no **PRESENTE** compensar algum erro cometido no **PASSADO**.

- Como você não pode **MUDAR** o passado, a **CULPA** é **INEFICIENTE**.

CULPA = PERDA DE TEMPO/ENERGIA!

Talvez você tenha feito algumas escolhas **NÃO MUITO BENÉFICAS** no passado...

... mas agora você **JÁ SABE, PORQUE** aprendeu com aquela escolha errada.

E com esse **CONHECIMENTO** você pode fazer uma **ESCOLHA** melhor da **PRÓXIMA VEZ!**

De que **OUTRA MANEIRA** você saberia o que funciona e o que não funciona se não **PASSASSE** pelas experiências?

Observação:

PASSAR POR ELAS, não **FICAR APRISIONADO A ELAS!**

AS COISAS QUE VOCÊ ATRAI

Você **ATRAI PARA SI** as coisas que mostram sua relação **CONSIGO MESMO**.

Há uma verdade que diz:

> "Se quer saber o que
> está acontecendo
> **AQUI DENTRO**,
> preste atenção no
> que você está vendo
> **LÁ FORA**".

Eis alguns exemplos:

Se você está sozinho, observe como **VOCÊ TRATA** as pessoas!

Você **INSISTE** em ficar com essa pessoa?

Como você lida com o **DINHEIRO** quando o tem?

Você tem **SE CUIDADO?**

Você já tentou se **FAZER ENTENDER?**

Você consegue perceber como usar essas experiências para **SE INFORMAR** e fazer as **MUDANÇAS** necessárias pode **ALIVIAR** a dor das aparentes ofensas?

Então, por que **CULPAR** alguém por ter mostrado que você precisava dessa experiência para **CRESCER**?

DE ACORDO COM SEU BEM SUPREMO

Esta é a verdade que pode **DAR SENTIDO** a todas as suas escolhas.

Afinal, é seu **BEM SUPREMO** continuar aprisionado ao **SOFRIMENTO?**

É seu **BEM SUPREMO** continuar sentindo **MÁGOA** e **RESSENTIMENTO** e **REAGINDO COM GROSSERIAS?**

É seu **BEM SUPREMO** continuar fazendo a você mesmo **AFIRMAÇÕES QUE SÓ CAUSAM DOR?**

E, finalmente, é seu **BEM SUPREMO** continuar

no papel de **VÍTIMA?**

Examine com cuidado e atenção com que **ATITUDE** você encara a vida.

O que separa as pessoas que **SUPERAM** os traumas daquelas que **NÃO SUPERAM**?

O modo como elas **VEEM A SI MESMAS**.

A **CHAVE** está na **AUTOIMAGEM**.

Nós **AGIMOS** **PENSAMOS**

e **SENTIMOS**

de acordo com o **VALOR** que atribuímos a nós mesmos.

Se tratasse **VOCÊ MESMO** como um verdadeiro **AMIGO** não ia querer fazê-lo sentir

Com uma **AUTOESTIMA SAUDÁVEL**, você poderá:

diferenciar **AMOR** de **AGRESSÃO**

Sentir que merece o **MELHOR**

e tomar conta de **SI MESMO**.

Em outras palavras, você **CUIDA** de si mesmo.

A **VÍTIMA** é uma pessoa **DERROTADA, PASSIVA, QUE SE DEIXA ABATER** pelos golpes da vida...

... enquanto o indivíduo **ADULTO** toma **INICIATIVA**, é **RESPONSÁVEL** e diante de uma situação de crise procura encontrar **SOLUÇÕES**.

É hora de abrir mão do "comodismo doentio" do eterno papel de **VÍTIMA**. É hora de dar adeus à **VÍTIMA**.

LIBERTANDO A VÍTIMA

Não é **IRÔNICO** o fato de numa **SITUAÇÃO CRÍTICA**, quando seria mais conveniente para os nossos próprios interesses adotar uma atitude **POSITIVA**, com **INICIATIVA E COMPETÊNCIA**...

(ou seja, agir como uma pessoa **ADULTA**)

... nós, em geral, permitirmos que a **VÍTIMA/CRIANÇA** em nós assuma o **CONTROLE**?

Seria **REALMENTE** esta uma empreitada para ser confiada a uma **CRIANÇA**?

O ESPETÁCULO ESTÁ SENDO CONDUZIDO PELA PESSOA ERRADA!

Quando sob o comando da **CRIANÇA**, você tende a:

CULPAR ALGUÉM   REBELAR-SE

RESISTIR   ou ENTREGAR OS PONTOS

Qualquer conversa banal torna-se motivo de **PERTURBAÇÃO**

Uma opinião divergente torna-se **AMEAÇA**

Qualquer infortúnio torna-se um **EVENTO DE PROPORÇÕES CÓSMICAS**

Qualquer perda torna-se uma **TRAGÉDIA**

E uma discordância torna-se uma **GUERRA**.

Você percebe o quanto é **EXAUSTIVO** e **DOLOROSO VIVER** desta maneira?

A **VÍTIMA/CRIANÇA** precisa que o **ADULTO EM VOCÊ** se encarregue das coisas para que ela possa **SAIR** de cena.

O **ADULTO** tem que ser aquele que lhe provê:

Há, no entanto, lugar em você para a **CRIANÇA SAUDÁVEL**.

Ela representa seus aspectos **LÚDICOS**, **ESPONTÂNEOS** e **CRIATIVOS**.

Ela pode aconselhar você a:

PEGAR LEVE — VAMOS BRINCAR UM POUCO!

TIRAR UMA FOLGA — DÁ UMA AREJADA!

DIVERTIR-SE — FAÇA CARETA!

SER ESPONTÂNEO — IUHU!...

E **SER VOCÊ MESMO**! — NÃO LIGO PARA O QUE PENSAM!

... todas essas atitudes podem manter você em **EQUILÍBRIO**

Quando a parte **ADULTA** de você **ASSUME O COMANDO**, a **VÍTIMA** pode se **APOSENTAR**.

O que difere essencialmente a **VÍTIMA** do **ADULTO?**

A DIGNIDADE

As provações pelas quais passamos podem nos fortalecer quando encontramos **SENTIDO** para elas e as situamos em seu devido **CONTEXTO**.

Pergunte a você mesmo:
O que você acha que ela tem para lhe **ENSINAR?**

O que as provações pelas quais você teve de passar têm a ver com o que você **APRENDEU?**

De que maneira isso pode **AJUDAR OUTRAS PESSOAS?**

Deixe o passado **ENSINAR** você, **APRENDA COM** ele e **SIGA EM FRENTE!**

Experimente ver a vida da seguinte perspectiva...

O **PASSADO** é **INFORMAÇÃO**

O **FUTURO** é **ESPECULAÇÃO**

E O **PRESENTE** é...

O QUE VOCÊ QUISER QUE ELE SEJA!

O que **É** o **PASSADO?**

É uma **IDEIA**, uma **CONSTRUÇÃO** e um **CONJUNTO** de **CRENÇAS.**

Quantos **PENSAMENTOS** você teve ontem?

Eles pareceram tão
IMPORTANTES na hora,
não pareceram?

Bem, **ONDE ELES ESTÃO AGORA?**

Sim, pode haver algumas mágoas **MUITO PROFUNDAS**.

Para curá-las, pode ser necessário um **LONGO TEMPO** e **MUITO TRABALHO**.

Talvez você tenha que encontrar meios de **LIDAR** com sua dor pelo resto da sua vida (e se o trauma for grave, talvez você precise recorrer à ajuda de um profissional).

Mas, por favor, não deixe de **FAZER ISSO!**

E nunca se esqueça desta verdade:

UMA FERIDA NÃO CICATRIZA SE VOCÊ CONTINUA LAMBENDO-A O TEMPO TODO!

Faça agora uma lista das coisas que **INCOMODAM** você. Uma por uma, decida quais delas você:

a. **PODE FAZER ALGUMA COISA PARA MUDAR**

b. **NÃO PODE FAZER NADA PARA MUDAR**

As coisas que você **PODE** fazer alguma coisa para mudar exigem sua **ATENÇÃO**.

As coisas que você **NÃO PODE** fazer nada para mudar são aquelas que você precisa **ACEITAR** e **SE RENDER** a elas.

Veja a distância que você já percorreu!

Você avançou de uma condição de:

CULPAR OS OUTROS para uma de RESPONSABILIDADE

de

SENTIR-SE PERDIDO para uma de ASSUMIR O COMANDO

e de uma condição de

DESAMPARO

para uma de

ASSUMIR O PRÓPRIO PODER

151

Abram os portões:

O PRISIONEIRO ESTÁ LIVRE!